KV-675-202

Mae'r mêts ar y ffordd i'r ysgol. Mae Mim a Ben yn byw yn bell o'r ysgol ond mae Sam a Wil yn byw yn nes i'r ysgol.

tŷ Ben

tŷ Gwawr

Siop Aled

Swyddfa bost

Sut maen nhw'n mynd i'r ysgol?

Mae Sam yn mynd i'r ysgol yn y car. Mae hi'n gwneud yn siwr bod y drws ar gau. Mae hi'n gwisgo gwregys bob amser. Mae hi'n eistedd ar sedd car. Dydy hi ddim yn cyffwrdd â handlen drws y car.

Mae hi'n gwneud yn siwr ei bod yn ddiogel i agor y drws. Mae hi'n dod allan o'r car ar ochr y palmant.

Mae Sam yn aros ar y palmant nes bod ei mam wedi gyrru i ffwrdd. Yna, mae hi'n croesi'r ffordd.

Mae Sam yn croesi'r ffordd gyda help y

ddynes lolipop.

Mae Wil yn cerdded i'r ysgol. Mae'n dilyn rheolau'r ffordd fawr. Dydy e ddim yn croesi wrth ymyl y gornel. Mae'n croesi'r ffordd wrth y groesfan pelican.

Rheolau'r ffordd fawr

1. Chwiliwch am le diogel i groesi.

2. Arhoswch wrth ochr y palmant.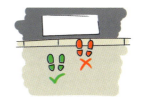

3. Edrychwch a gwrandewch.

4. Croeswch os yn ddiogel.

5. Ewch yn syth ar draws y ffordd.

6. Peidiwch â rhedeg.

Mae Ben yn mynd ar y beic i'r ysgol. Mae'n

gwisgo helmed a dillad lliwgar. Mae'n dal yr

handlen gyda dwy law bob amser. Mae ei fag

ysgol yn y bag beic.

Daeth Mr Ifans i'r ysgol i roi gwersi

gyrru beic yn ddiogel i ddosbarth Ben.

Ar ôl pasio'r prawf, mae'n mynd i'r ysgol ar ei feic. Mae'n mynd ar hyd llwybr diogel. Mae'n mynd ar draws y parc ac yn osgoi'r ffordd brysur.

11

Llwybrau beicio

 Llwybr i feiciau

 Beiciau yn unig

 Rhannu â cherddwyr

 Beiciau a cherddwyr ar wahân

 Lôn feiciau

 Dim beicio.

Mae Ben yn gofalu am ei feic i wneud yn siwr ei fod yn ddiogel.

Oes digon o aer yn y teiar blaen a'r teiar ôl?

- Ydy'r brêc blaen yn gweithio?

- Ydy'r brêc ôl yn gweithio?

- Ydy'r gadwyn yn lân?

- Ydy'r golau'n gweithio?

Arhosfan

Maesllan

Mae Mim yn teithio i'r ysgol
ar y bws.

Mae'n aros wrth yr arhosfan
yn y bore.

Mae'n gwneud yn siwr ei bod
yno mewn pryd.

14

Mae'n gwisgo gwregys. Dydy hi ddim yn
tynnu sylw'r gyrrwr. Dydy hi ddim yn gadael
ei bag yn yr eil. Dydy hi byth yn croesi'r
ffordd o flaen nac yn agos at gefn y bws.

Weithiau, pan fydd hi'n braf, mae Gwawr yn mynd ar ei sgwter i'r ysgol. Mae'n mynd ar draws y parc fel Ben. Dydy hi ddim yn mynd ar y sgwter pan fydd hi'n bwrw glaw achos dydy'r brêc ddim yn gweithio ac mae'n gallu sgidio.

Wedyn, mae'n mynd ar y palmant. Mae'n cerdded gyda'r sgwter os oes llawer o bobl ar y palmant. Dydy hi byth yn mynd ar y ffordd gyda'i sgwter. Mae hi'n ofalus wrth groesi'r ffordd ac yn dilyn rheolau'r ffordd fawr.

Mae lle i barcio'r sgwter yn yr ysgol.

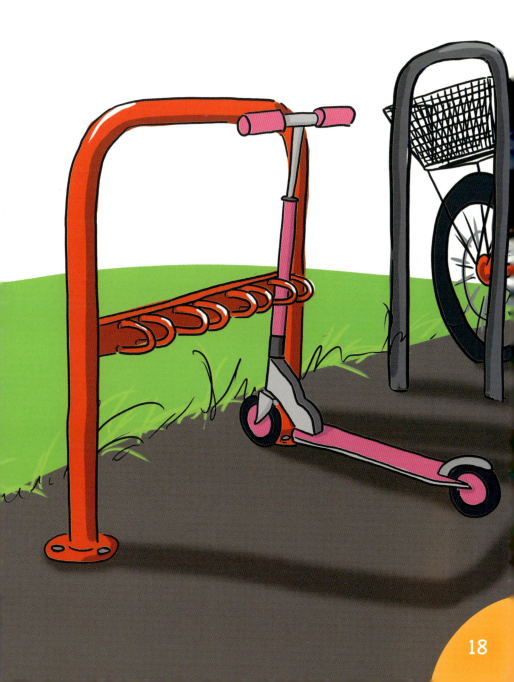

Geiriau i'w hymarfer

cadwyn	handlen
croesi	lliwgar
croesfan	llwybr
cyffwrdd	osgoi
diogel	rheolau
gwregys	teiar
gyrrwr	tynnu

DERBYNIWYD/ RECEIVED	✓ 2 MAE 2019
CONWY	
GWYNEDD	✓
MÔN	
COD POST/POST CODE	LL8 1AS

Ewch i wefan
www.canolfanpeniarth.org/metsmaesllan
am weithgareddau